L'ÉMILE RÉALISÉ

OU

PLAN D'ÉDUCATION GÉNÉRALE,

Par le Citoyen FÈVRE, du *Grandvaux.*

Renovabis faciem terræ.
Tu feras un monde nouveau.

J'AIME les enfans ; leurs graces riantes, leurs doux plaisirs, leurs folâtres jeux ravissent mon ame, et leur innocence charme mon cœur. Je veux travailler pour eux ; et par eux, je veux renouveller l'espèce humaine, la rajeunir, pour ainsi dire ; par eux, je veux ramener les bonnes mœurs, et recréer le vrai plaisir qui, sans elles, ne peut être. En les instruisant, je veux reléguer de cette terre les préjugés qui nous avilissent, et dissiper l'ignorance, la source des plus grands maux. C'est alors que nous ferons par raison ce que, dans l'état de nature, nous faisions par instinct ; c'est alors que, plus rapprochés de cette même nature, nous retrouverons enfin notre premier bonheur.

Mes vues tendront encore à remettre, chez tous les hommes, l'agriculture en honneur, à favoriser la population, à rendre les fortunes moins inégales, à anéantir la pauvreté de même que le luxe, à détruire aussi l'esprit d'orgueil qui s'enfle avec les rangs ; et tous les hommes se traiteront comme frères. Il est bien tems que, revenus de nos vieilles erreurs, nous fassions quelque chose de bon.

L'enfant, sorti du sein de sa mère, sera, dans le plus court délai, transporté à la campagne ; en voici la raison : dans les villes qui sont sur-tout d'une certaine étendue, et même dans les gros villages, tous les élémens y sont mêlangés, y sont confondus ; l'air ne peut donc qu'y être très-mauvais. Aussi les personnes qui le respirent d'habitude, sont-elles pâles et défigurées, d'une complexion faible et presqu'éteinte ; on les voit très-souvent malades, et mourir, pour la plupart, avant le tems prescrit par la nature. Les enfans qui en naissent, sont ordinairement très-foibles et pour le physique et pour le moral.

Mais que sera-ce, si on laisse croupir ces enfans, déjà faibles, au milieu des villes qui sont, sur-tout pour eux, de véritables cloaques ; la jeune plante qui croît à l'ombre & dans un mauvais air, n'a point cette teinte, cette couleur, cette force de la plante de même espèce qui croît au soleil et dans un bon air : on la voit presque toujours périr sans qu'elle ait rapporté de fruits ni même de fleurs ; ou s'il en résulte quelque semence, cette semence à son tour ne peut se développer, ou ne se développe qu'avec peine et sans aucun produit. Tel un rejetton, dans une épaisse et antique forêt dont les arbres, courbés sous le poids de la vieillesse, tombent en pourriture, et ensevelissent sous leurs décombres leur dernière postérité. Aussi l'espèce humaine, après quelques générations, s'anéantirait-elle enfin, si elle n'avait pour demeures que des villes, et sur-tout de grandes villes, et si ces villes n'étaient repeuplées par l'habitant de la campagne, ou par l'homme opulent de la ville qui, dans les beaux jours, va respirer à l'aise, au milieu des champs, un air pur et embaumé, et s'y défaire de ces particules malignes dont un air empesté l'avait rempli.

Et malgré ces précautions, je dirai nécessaires, elle penche sensiblement vers sa ruine ; le mal physique, en s'accroissant dans ces immenses cités, y augmente encore le mal moral. On peut déja conclure de là, que plus un état aura de villes, et plus ces villes seront grandes, plus cet état sera foible et chancelant.

Ces seules considérations sont bien propres à nous en éloigner et à nous porter dans les campagnes, le vrai séjour de l'homme.

Que s'il n'est au pouvoir de nous tous de les choisir pour demeures, transportons-y au moins nos enfans, pour qu'ils puissent s'y organiser.

Mais où placerons-nous ces enfans ? Voici le lieu convenable : l'enceinte d'une forêt, le voisinage d'une rivière, une vallée riante ou une plaine couverte de végétaux et où règne une douce température.

On construira autour de cette forêt, par exemple, un bâtiment qui ne sera qu'un simple rez-de-chaussée, mais d'une étendue telle qu'il puisse contenir à-la-fois les enfans d'un département. On nommera ce bâtiment *le Berceau de la nation*. Il sera divisé, par des espèces de tendues, en *maisonnettes*, qui auront trois chambres chacune, dont celle du milieu servira de cuisine. Vis-à-vis chaque maisonnette, sera un petit jardin séparé des jardins voisins par une palissade seulement ; il renfermera toutes sortes de légumes potagers et d'arbres fruitiers, selon le pays. Ces légumes et les fruits de ces arbres seront, avec le pain et le lait, la seule nourriture des enfans du berceau. Pour avoir du pain et du lait, il sera donné à chaque berceau suffisamment de terrain pour fournir à sa subsistance.

Mais qui gardera ce berceau, qui nourrira ces enfans, qui fera valoir ce terrain ? Je vais répondre à toutes ces questions.

Il y aura, dans la première ville de chaque département, *un corps de nourrices* ; là seront reçues de jeunes filles du même département, de bonnes mœurs, bien constituées, bien portantes et ayant les autres qualités nécessaires pour allaiter un enfant, et, sur-tout ne manquant pas d'esprit : il y aura pour elles un noviciat, il sera d'un an ; chaque fille le commencera par le mariage. Elle aura amené avec elle son futur époux, sinon elle le choisira d'entre plusieurs qui lui seront offerts, également de bonnes mœurs, pleins de forces et de santé, exerçant chacun un art ou un métier quelconque : j'en dirai la raison par la suite. *La fille qui sera devenue mère par faiblesse, et la femme veuve y seront également reçues.* Le noviciat fini, s'ils n'ont pas d'enfant, ils seront renvoyés ; s'ils ont un enfant & les autres qualités requises, on les gardera. Pendant leurs noviciats, ils apprendront l'un et l'autre, et sur-tout la nourrice, à parler leur langue purement et correctement, afin qu'ils puissent la faire parler de même aux enfans dont ils seront chargés par la suite. La jeune femme s'instruira sur la manière de bien gouverner un enfant, seulement jusqu'à l'âge de huit ans, parce qu'après cet âge, il passera en d'autres mains ; et voici son catéchisme en abrégé.

Le père de famille. Que ferez-vous de l'enfant que je vous confierai au sortir du sein de sa mère ?

La nourrice. Je l'enmailloterai de manière qu'il ne

soit point trop gêné ; je lui donnerai souvent la mamelle, sur-tout quand il pleurera. Je ne le bercerai
que très-rarement, et que quand je n'aurai aucun autre
moyen de l'appaiser ; mais je le ferai avec beaucoup
de précaution.

Le p. de f. Quel tems mettrez-vous à allaiter votre
enfant ?

La n. Sept ou huit mois, au bout desquels je l'ac-
coutumerai peu-à-peu à se passer de la mamelle, en
lui faisant prendre, *par fucion*, du lait de vache un
peu tiède, que je lui aurai même déjà fait prendre
dès les premiers jours. Je délayerai, dans ce lait, un
peu de farine, pour que, la nourriture étant plus
substantielle, l'enfant devienne plus fort ; ensuite j'y
mettrai simplement du pain. L'enfant, à deux ans,
commencera à se nourrir avec des légumes accommo-
dés avec du lait ; lorsqu'il aura trois ou quatre ans,
je le nourrirai comme moi.

Le p. de f. Et comment vous nourrirez-vous ?

La n. Pain, légumes, fruits, beurre et laitage, telle
sera ma nourriture ; la viande et le vin ne paraîtront
jamais sur notre table. Les enfans que je soignerai,
ne s'en porteront que mieux, n'en deviendront que
plus beaux et d'un meilleur caractère : car qui ne sait
que la nourriture influe non-seulement sur le phyfique,
mais beaucoup sur le moral ? Il est vrai qu'en général,
toute matière qui a fermenté, toute liqueur vineuse
a la propriété de détruire la vermine ; mais le régime
de vie auquel j'astreindrai mes enfans, les en exemp-
tera, et ils ne seront pas sujets aux vices et aux
maladies causées par le vin. Ils mangeront cependant
du raisin, parce qu'il fortifie ; je leur ferai prendre

de la nourriture très-s uvent , au moins six fois par jour et à d-s heures réglées. Ceux qui auront atteint l'âge de cinq ou six ans, m'aideront à cultiver le jardin, à soigner les arbres, à cueillir les fruits, à faire, en un mot , mille petits ouvrages pour lesquels je les trouverai propres.

Le p. de f. Comment réglerez-vous leur sommeil?

La n. Je coucherai mes enfans de bonne heure, et ils se lèveront tard : un long et fréquent repos est d'une néceffité absolue à tout être qui prend son premier accroissement. Les petits des animaux dorment presque toujours. Chacun aura son lit.

Le p. de f. Comment seront-ils habillés ?

La n. Ils auront tous, filles et garçons, de petites robes blanches avec un ruban bleu pour ceinture : le blanc sied très-bien aux enfans. Ils iront tête nue, et même nuds pieds, quand ils le voudront ; en hiver néanmoins on les tiendra un peu chaudement, parce que la chaleur n'est pas moins nécessaire que le repos à un corps nouvellement organisé ; autrement il périt ou ne fait que languir.

Le p. de f. Les filles seront donc mêlées avec les garçons ?

La n. Et cela sans le moindre inconvénient, au moins jusqu'à l'âge de huit ans, où il conviendra de les séparer ; car, avant cet âge, on ne sait ce que c'est que pudeur. Je leur laisserai donc la plus grande liberté dans leurs jeux et leurs amusemens, pourvu qu'elle ne soit point contraire à leur santé.

Le p. de f. Que leur apprendrez-vous de la religion?

La n. Je ne leur parlerai jamais de religion, ni ne prononcerai même le nom de la divinité en leur présence ; on leur en parlera quand ils seront passés en des mains plus habiles, et qu'ils auront la conception mieux formée.

Le p. de f. Que leur apprendrez-vous donc ?

La n. A bien manger, à se bien nourrir. Lorsque nous serons au jardin, je leur apprendrai comment il faut remuer la terre pour qu'elle produise abondamment, quelles sont les graines qu'il faut semer pour l'usage de l'homme, et dans quel tems il faut les semer, ce qu'on peut manger cru ou cuit de la plante qui sera provenue de chaque espèce de graine. Je leur dirai les noms des arbres fruitiers qui seront dans notre jardin ou ailleurs, et aussi dans quel tems il faut faire la récolte de leurs fruits, pour qu'ils soient bons à manger ou à être mis en réserve. Je les récréerai de tems à autre par des chansons enfantines, qu'ils prendront plaisir à répéter. La promenade dans la forêt voisine ne sera point oubliée : l'air salubre qu'on y respire, le frais qu'on y goûte, le concert enchanteur des oiseaux nous la feront aimer. De la gaieté et de la variété, voilà ce qu'il faut aux enfans.

Le p. de f. Mais pendant ce tems, qui gardera les enfans encore au berceau ?

La n. J'aurai une compagne, qui soignera dans la même maisonnette le même nombre d'enfans que moi ; et nous irons tour-à-tour à la promenade.

Le p. de f. N'aurez-vous pas quelques disputes ensemble ?

La n. Nous nous garderons bien d'avoir jamais le moindre différent ; tout sera réglé d'ailleurs, et nous ne permettrons point que nos enfans en aient, ni qu'ils se frappent.

(8)

Le p. de f. Et comment vous en ferez vous obéir ?

La n. En usant de beaucoup de douceur, et quand ce moyen sera absolument inutile, en usant de la verge. Pour conduire les enfans, je ne connais que deux moyens : la douceur et la crainte ; et celle-ci, quoiqu'on en dise, ne s'inspire que par la correction. Un troisième moyen serait les récompenses ; il est avantageux de ne pas le négliger ; mais il ne faut pas non plus l'employer trop souvent : ce qui n'est rien moins que rare ne peut stimuler personne.

Voilà en abrégé ce qu'apprendra la jeune femme. Le catéchisme de son époux ne sera pas long ; il saura passablement exercer son art ou son métier. Il s'y perfectionnera même pendant son noviciat, qui se fera soit à la ville, soit à la campagne, selon le genre de cet art ou de ce métier. Son noviciat fini, il sera reçu dans un *grand atelier*, voisin du berceau. Nous en parlerons plus bas.

Aux environs du berceau, seront aussi *les petits et les grands colléges de la nation* ; c'est ainsi que l'on nommera quatre colléges, dont deux pour les garçons et les deux autres pour les filles. Le berceau peuplera les deux petits colléges, et ceux-ci peupleront les deux grands colléges de même que deux *grands ateliers*, dont un aussi pour les garçons et l'autre pour les filles. Ce qui formera six bâtimens séparés, et ayant chacun un sîte qui lui soit convenable. Au milieu, sera un septième édifice consacré au culte. Il y aura aussi, très-à-l'écart, un huitième bâtiment pour la petite vérole, et d'autres maladies dangereuses.

Le noviciat fini pour la nourrice, on la conduira au berceau de la nation, où elle sera chargée de huit enfans,

enfans, dont deux ou trois à la mamelle, et les autres déjà alaités. Il suit de là, que chaque nourrice ne pourra être chargée la première année de l'établissement du berceau, tout au plus que de trois enfans ; mais les années suivantes, elle en aura le nombre requis. Étant deux nourrices pour une maisonnette, ce nombre sera par conséquent de seize. Mais comme elles auront, au bout d'une année, chacune deux ou trois nouveaux nourrissons, (car l'enfant, comme je l'ai dit, séra sevré après le septième ou le huitième mois, et ensuite nourri avec le lait de vache), il y aura évidemment, dans chaque maisonnette, après un certain nombre d'années, un surnuméraire d'enfans ; ce surnuméraire passera dans des maisonnettes vuides. On pourroit donner à chaque nourrice, au commencement de l'établissement du berceau, des enfans tout sevrés ; mais il nous faudrait une génération toute nouvelle, du moins n'en recevra-t-on plus au-dessus de deux ans.

Les enfans d'une maisonnette seront libres d'aller, avec leurs nourrices, rendre visite à ceux d'une autre maisonnette.

Lorsque les parens viendront voir ces enfans, il ne leur sera permis de leur parler qu'en présence de leurs nourrices. Après avoir embrassé les leurs propres, et s'être fait connaître à eux, ils embrasseront aussi les autres enfans de la même maisonnette ; et tous, après cette cérémonie, chanteront un cantique de joie qu'ils auront appris de leurs nourrices. C'est ainsi qu'ils témoigneront leur reconnaissance aux personnes qui viendront les voir. Ils feront plus, ils leurs offriront des fleurs ou des fruits de leur jardin ; mais ils n'accepteront rien eux-mêmes, non plus que leurs nourrices.

Chaque enfant sera appelé par son nom de baptême.

Les maisonnettes seront numérotées.

Il y aura, sur chaque berceau, un inspecteur qui fera sa visite tous les jours et à des heures inattendues.

Le noviciat fini pour l'époux, on le conduira à l'atelier des garçons. Des hommes seulement y exerceront toute sorte d'arts et métiers. Ce sera la résidence du laboureur, du charpentier, du menuisier, du boulanger, du tisserand, de l'horloger, du tailleur, du cordonnier, &c. C'est là que l'on prendra les hommes destinés à faire les gros ouvrages des colléges des garçons.

Non loin de cet atelier, sera celui des filles. Des femmes seulement y exerceront les arts et métiers qui conviennent à leur sexe. C'est là que l'on prendra aussi les femmes destinées à faire les gros ouvrages des colléges des filles.

Ces deux ateliers fourniront au berceau et aux colléges tout ce qui pourra être à leur usage ; et ce qui ne leur sera pas de nécessité, sera vendu aux étrangers, mais au profit du berceau et des colléges. Chaque atelier aura également son inspecteur de l'un et l'autre sexe.

On n'exercera, dans ces ateliers, que des arts et métiers qui puissent faire la richesse d'un état plutôt que sa splendeur ; tous les arts de luxe en seront conséquemment bannis.

C'est ainsi que sera construit et organisé notre berceau. Il renfermera l'enfant du pauvre, comme l'enfant du riche, l'enfant du laboureur, comme celui du citadin ; l'enfant d'Abraham, comme celui du disciple de Jésus, *sans aucune distinction.*

Les enfans du berceau, qui auront huit ans accomplis, passeront aux petits colléges. C'est alors qu'on fera seulement la séparation des filles d'avec les garçons.

Voici comment sera construit le petit collége des garçons : bâtiment très-vaste, formant un hexagone, à cinq étages, y compris le rez-de-chaussée. Dans chaque aîle du bâtiment, cinq salles autant que d'étages, chacune de la même étendue qu'une des aîles, et prenant jour des deux côtés. Trente salles par conséquent pour tout l'édifice, avec une tour à chacune des angles de l'hexagone pour distribuer dans ces différentes salles et aussi pour les lieux d'aisance. Ces salles serviront et de dortoir et de salles d'étude en même-tems. Il y aura deux fois autant de lits que de fenêtres, lesquelles seront à dix pieds de distance les unes des autres. Les lits seront séparés par des tendues qui formeront comme des espèces de cellules ouvertes vers le haut, et fermées chacune par un rideau vers le milieu de la salle.

Auprès de chaque lit, une table avec une chaise. Au milieu de chaque salle, s'élèvera, *pour un surveillant perpétuel*, une espèce de chaire ou cabinet qui dominera sur tous les lits. Toute la nuit, et en toute saison, lumière dans chaque salle ; et en hiver, du feu jour et nuit par le moyen des poëles.

Au milieu du terrain, renfermé entre les six aîles du bâtiment, sera construite une *maison* composée d'une cuisine, d'un réfectoire et d'une infirmerie pour tout le collége, avec deux appartemens, dont un pour les professeurs, et l'autre pour les domestiques. De cette maison, à chaque tour de l'hexagone, partiront deux rangées d'arbres, toujours verds. *Le reste du terrain* sera destiné à différentes espèces de plantations, et aux exercices corporels des écoliers.

Dans cet asyle seront introduits des jeunes gens, qui n'auront appris encore qu'à se bien divertir, sans être néanmoins trop folâtres. Ils auront huit ans accomplis.

En hiver, les deux premières années, ils se coucheront à huit heures du soir, et se leveront à sept du matin : les années suivantes, jusqu'à l'âge de quinze ans accomplis, ils se coucheront à neuf, et se leveront à cinq.

En été, les deux premières années, ils se coucheront à neuf et se leveront à sept ; les années suivantes, jusqu'à l'âge de quinze ans, ils se coucheront à neuf, et se leveront à cinq.

Pendant le lever et le coucher, musique les deux premières années, et lecture les années suivantes : la musique adoucit les mœurs.

A huit heures, le déjeûner : pain et fruits.

A midi, le dîner : jamais de viande ni de vin sur table. Même nourriture pour tous, sans faire d'exception, même pour les professeurs, qui seront tenus de prendre leur repas avec les écoliers. Concert de musique, ainsi qu'au souper.

A quatre heures, le goûter : pain et fruits, et quelquefois laitage, sur-tout en été.

A sept heures, le souper.

Récréation après les grands repas. Jamais de chapeau sur la tête, excepté dans les longues promenades.

Cheveux ronds et toujours propres.

Habillement fort léger, mais un peu chaud en hiver.

Tous les garçons resteront sept ans au petit collége de la nation, c'est-à-dire, jusqu'à l'âge de quinze ans accomplis. On leur apprendra, pendant cet intervalle, la lecture, l'écriture, le calcul, la géographie, l'histoire, en commençant par l'histoire naturelle, la langue française par principes, mais donnés de vive voix, la danse, la musique, sur-tout la musique vocale, et un peu de dessin. On leur parlera aussi des différens arts et métiers ; et ils mettront quelquefois la main à l'œuvre. On les instruira sur tous les états qui partagent la société. On ne commencera cependant à leur parler de religion qu'à douze ou treize ans. Le code national ne leur restera pas inconnu.

Première année. Lecture, écriture et danse. Pour la lecture et l'écriture, on emploiera les méthodes les plus aisées et les plus simples. Le maître, pour éviter la confusion et le tumulte, ira, autant qu'il sera possible, trouver l'écolier à sa place, c'est-à-dire, auprès de son lit, où il le tiendra sept à huit minutes, tant pour la lecture que pour l'écriture, *qu'on peut apprendre en même-tems ;* il passera ensuite à son voisin. Le maître de danse le suivra immédiatement, pour que l'écolier, qui vient de recevoir leçon, et qui ne peut encore s'occuper seul, ne reste pas oisif. Le nombre des maîtres sera réglé sur celui des écoliers.

Seconde année. Lecture, écriture et danse, avec le calcul et la géographie.

Quant à cette dernière partie, chaque écolier aura devant soi, collée sur la muraille, une mappe-monde seulement ; & le maître, pour lui faire entendre l'ensemble de cette carte, portera, en donnant ses leçons, un globe à la main, n'étant pas possible que chacun en ait un à soi.

Troisième année. Calcul et géographie avec l'histoire naturelle.

Les promenades dans les champs, dans les bois deviendront alors fréquentes. Les maîtres instruiront leurs écoliers plus de vive voix qu'autrement, et les objets sous les yeux, autant que faire se pourra.

Quatrième année. Histoire naturelle avec la langue française par principes, et la musique, sur-tout la vocale.

Cinquième année. Histoire naturelle et musique, avec l'histoire des actions des hommes, des révolutions des empires.

Comme la religion entre nécessairement dans l'histoire, y est, pour ainsi dire, inhérente, c'est alors que l'on commencera à leur en parler. On leur dira, par exemple, que les hommes de tous les âges ont reconnu, ont senti une *force cachée* qui conduit, qui dirige tout; qu'ils ont même craint cette force, *parce qu'ils voyaient du mal, de la souffrance sur la terre;* qu'ils ont cherché à l'appaiser, à la modérer, pour ainsi dire, soit par des vœux, soit par des sacrifices ou des actions quelquefois bonnes et louables. Voilà à-peu-près le culte judaïque. Que cependant quelques-uns d'entr'eux ont pris l'ouvrage de la nature ou de cette force pour la nature elle-même ou son auteur; qu'ils sont allés même jusqu'à rendre un culte *de reconnaissance et de crainte* à quelques parties de cet ouvrage qu'ils croyaient leur être avantageuses ou nuisibles. Voilà de même le culte des gentils. Qu'il a paru, en différens tems et en différens lieux, *des hommes rares,* qui ont réglé, *selon le tems et le pays,* la forme de tous ces cultes, qui les ont perfectionnés et même augmentés, et dont le fond de la morale a toujours été le même. Que plusieurs d'entre ceux-ci ont assuré leurs semblables

que tout ne périssoit pas, ne tombait pas en dissolution après notre mort , mais qu'il restait *certaine partie*
de nous-mêmes qui s'envolait dans l'éther, ou dans des
demeures conformes à sa manière d'être ; qu'il y avait
par conséquent une autre vie après celle-ci , et que
cette nouvelle vie serait heureuse ou malheureuse,
selon que l'on aurait été bon ou méchant sur la terre.
Voilà aussi, ou à-peu-près, le culte de chrétiens.

On leur dira quel culte, quelle religion suivent leurs
parens, et on les invitera à suivre, de bonne foi, le
même culte, la même religion, jusqu'à ce qu'étant
plus éclairés eux mêmes, ils suivent celle qu'ils croiront la meilleure.

Mais on leur recommandera à tous d'être bons et
justes, de gagner l'estime de tout le monde en se
rendant utiles et en faisant du bien , chacun selon son
pouvoir : car c'est là la meilleure et même l'unique
religion.

Sixième année. Histoire naturelle (elle consistera
cette année dans l'économie rurale), et celle des révolutions des empires, avec les arts et métiers.

C'est alors principalement que les garçons visiteront
le grand atelier, et que tous, sans distinction, y
mettront quelquefois la main à l'œuvre, y essaieront
de tout après avoir vu travailler, y prendront une
idée générale de ces mêmes arts et métiers. On leur
fera remarquer ceux qu'exercent leurs parens, et on
les portera à les exercer eux-mêmes.

Septième année (qui est la dernière à rester au petit collége). Arts et métiers, avec un abrégé du code
national, et une notion des différens états qui partagent la société.

L'année révolue, ceux qui ne voudront ou ne pourront pas continuer leurs études et perfectionner leur éducation, faute d'inclination ou de dispositions, ou de moyens du côté des parens, ou auxquels ceux-ci voudront faire apprendre un art ou un métier quelconque, iront faire leur apprentissage dans le grand atelier de la nation, si toutefois les parens le jugent à propos. Dans ce cas, n'ayant fourni jusqu'alors au berceau et au petit collége de la nation qu'en raison de leurs biens et facultés, ils seront tenus de payer, en outre, une pension particulière pour leur apprentissage, leur nourriture et leur entretien.

Si parmi ces garçons, il s'en trouvait qui n'eussent pas de parens, ou dont les parens fussent absolument pauvres, la nation les retiendrait pour leur faire apprendre un art ou un métier à leur choix ; après quoi ils auraient leur liberté.

S'il y en avait plusieurs d'entre ces des derniers, qui montrassent des dispositions extraordinaires, ils passeraient, si c'était leur desir, dans le grand collége où ils continueraient d'être élevés *gratis ;* après quoi ils auraient leur liberté.

Si l'intention des parens n'est pas que leurs enfans fassent leur apprentissage dans le grand atelier de la nation, ils pourront les retirer chez eux, et les destiner à ce qu'ils croiront leur être le plus convenable. *Quand une institution quelconque est bonne, elle doit commander par elle-même aux hommes, sans qu'on soit obligé de leur commander en sa faveur.*

Ceux qui voudront et pourront continuer leurs études et perfectionner leur éducation, ayant des moyens du côté de leurs parens, feront leur entrée dans le grand collége,

collége, si toutefois les parens le jugent à propos,
Dans ce cas, n'ayant fourni jusqu'alors au berceau et
au petit collége de la nation qu'en raison de leurs
biens et facultés, ils seront tenus de payer en outre
une pension particulière pour leur nourriture, leur
entretien et la suite de leur éducation.

Si l'intention des parens n'est pas, non plus, que
leurs enfans continuent leurs études dans le grand
collége de la nation, ils pourront aussi les retirer
chez eux et les destiner à ce qu'ils croiront leur être
le plus convenable.

Voici à présent comment sera construit et organisé
le petit collége des filles

Même bâtiment, même tems à rester au collége,
même régime de vie : mais quant au travail, la femme
étant de nature plus faible que l'homme et pour l'esprit et pour le corps, mais beaucoup plus délicate,
plus fine et plus adroite, les petits ouvrages doivent
être réservés pour elle.

D'après cette observation, qui est fondée sur la
nature, on enseignera aux filles du petit collége, la
lecture, l'écriture, le calcul, la danse, la musique,
sur-tout la vocale, un peu de dessin, les ouvrages
d'aiguille, et l'économie domestique sur toute chose,
avec l'histoire.

Première année. Lecture, écriture, danse et ouvrages d'aiguille.

Seconde année. Lecture, écriture et danse, avec le
calcul et les ouvrages d'aiguille.

Troisième année. Danse, calcul, ouvrages d'aiguille
avec la musique et l'histoire.

Quatrième année. Ouvrages d'aiguille, musique, dessin et histoire.

Cinquième, sixième et septième années. Ouvrages d'aiguille avec l'économie domestique, et l'histoire avec la musique et le dessin.

On les instruira, ces trois dernières années, sur tout ce qui regarde l'intérieur d'une famille. C'est alors qu'elles visiteront le grand atelier des filles, et que toutes, sans distinction, y mettront quelquefois la main à l'œuvre, y essaieront de tout après avoir vu travailler, y prendront une idée générale des différens arts et métiers qui conviennent à leur sexe, et on leur fera remarquer ceux qu'exercent leurs parentes ; on les portera alors à les exercer elles-mêmes.

On les instruira aussi de la religion de leurs pères, et on leur en parlera comme aux garçons.

Mais on ne cessera de leur répéter d'être fidèlement unies à ceux qu'elles auront, par la suite, pour époux, d'avoir pour eux beaucoup de déférence ; de les aider dans leurs pénibles fonctions, de les soulager elles-mêmes dans leurs maladies, de leur donner des conseils dans leurs embarras, d'aller, en un mot, au-devant de tous leurs besoins.

Leur tems fini, celles qui ne voudront ou ne pourront pas continuer leurs études et perfectionner leur éducation, faute d'inclination, ou de disposition, ou de moyens du côté de leurs parens, ou auxquelles ceux-ci voudront faire apprendre un art ou un métier convenable à leur sexe, iront faire leur apprentissage dans le grand atelier des filles, si toutefois les parens le jugent à propos. Dans ce cas, n'ayant fourni jus-

qu'alors au berceau et au petit collége qu'en raison
de leurs biens et facultés, ils seront tenus de payer,
en outre, une pension particulière pour leur apprentissage, leur nourriture et leur entretien.

Si parmi ces filles, il s'en trouvait qui n'eussent
pas de parens, ou dont les parens fussent absolument
pauvres, la nation les retiendrait pour leur faire
apprendre un art ou un métier à leur choix ; après
quoi elles auraient leur liberté.

S'il y en avait plusieurs, d'entre ces dernières, qui
montrassent des dispositions extraordinaires, elles passeraient, si c'était leur desir, dans le grand collége, où
elles continueraient d'être élevées *gratis ;* après quoi
elles auraient leur liberté.

Si l'intention des parens n'est pas que leurs filles
fassent leur apprentissage dans le grand atelier, ils
pourront les retirer chez eux et les destiner à ce qu'ils
croiront leur être le plus convenable.

Celles qui voudront et pourront continuer leurs études et perfectionner leur éducation, ayant des moyens
du côté de leurs parens, feront leur entrée dans le
grand collége, si toutefois les parens le jugent à propos.
Dans ce cas, n'ayant fourni jusqu'alors au berceau et
au petit collége qu'en raison de leurs biens et facultés, ils seront tenus de payer, en outre, une pension
particulière pour leur nourriture, leur entretien et la
suite de leur éducation.

Si l'intention des parens n'est pas que leurs filles
continuent leurs études dans le grand collége, ils
pourront les retirer chez eux, et les destiner à ce
qu'ils croiront leur être le plus convenable.

Chaque famille fournira donc à l'entretien du berteau et des petits colléges, à raison de ses biens et facultés, *même la famille qui n'y aura pas d'enfant.*

Le célibataire paiera le double, le domestique qui n'a que ses gages, l'ouvrier que son simple salaire, et le militaire sa paie, ne fourniront rien.

Au sortir des petits colléges, les enfans de l'un et l'autre sexe qui seront destinés à continuer leurs études et perfectionner leur éducation, feront donc leur entrée aux grands colléges ; ceux-ci ne seront point aussi vastes que les petits colléges, vu que beaucoup d'enfans de l'un et de l'autre sexe seront, ou morts, ou partis pour la famille, ou retenus dans les grands ateliers. Mais la construction en sera la même, quoique le régime qu'on y suivra, y diférera en quelque chose : car la nourriture sera un peu plus substantielle, le repos de la nuit un peu moins long, l'assiduité au travail beaucoup plus grande, et les voyages un peu plus lointains.

On restera, dans ces colléges, l'espace de cinq années, c'est-à-dire, jusqu'à vingt ans accomplis ; et ces cinq années seront le *complément de l'éducation générale.*

On apprendra aux garçons les langues latine, grecque, italienne et anglaise, les belles lettres, la logique, les mathématiques, la physique, la métaphysique et la rhétorique.

Première année. Langue latine et grecque avec les belles lettres.

Seconde année. Langues latine, grecque et italienne avec la logique.

Troisième année. Les quatre langues avec les mathématiques.

Quatrième année. Les quatre langues avec la physique et la métaphysique. Longs voyages cette année.

Cinquième et dernière année. La physique, la métaphysique et la rhétorique. Je mets la rhétorique la dernière, parce qu'il faut avoir un grand fond de connaissances, et connaître les règles du syllogisme, pour être orateur et faire un bon discours.

On apprendra aux filles les langues italiennes et anglaise, l'histoire, les belles lettres, quelques notions de physique et de métaphysique, la musique, la danse, le dessin, la broderie et l'économie domestique.

Première année. La langue italienne et anglaise avec l'histoire, le dessin et la broderie.

Seconde année. Les deux langues avec les belles lettres, la musique, la danse et la broderie.

Troisième et quatrième année. Les deux langues avec la musique, la danse et la broderie.

Cinquième et dernière année. Notions de physique et de métaphysique, avec la broderie et l'économie domestique.

On restera de même cinq années dans les grands ateliers ; on y apprendra un ou plusieurs arts ou métiers. Le dortoir y sera construit comme dans les petits et les grands colléges

Les parens seront libres de retirer, quand ils le voudront, leurs enfans, soit du berceau, soit des petits et des grands colléges, soit enfin des grands ateliers ; mais une fois dehors, ils ne pourront plus y rentrer.

Il y aura dans la première ville de chaque département un collége pour les hautes sciences. Les jeunes gens qui voudront poursuivre leurs études, pourront y entrer, moyennant une pension particulière pour leur nourriture, leur entretien et leur logement.

Il y en aura un de même pour les filles.

Il y aura aussi, dans la première ville de France, un *corps d'enseignement*. Les personnes de l'un et l'autre sexe qui voudront se consacrer à l'instruction de la jeunesse, y seront reçues, examinées et mises à l'épreuve au moins pendant un mois, après lequel si on leur reconnaît les qualités requises, elles seront envoyées dans les différens colléges et ateliers de la nation. Elles seront logées, nourries et entretenues à ses frais. L'importance des places réglera leurs honoraires; et il ne leur sera jamais permis de recevoir quelle récompense que ce soit des parens ou autres personnes qui viendront voir leurs élèves, sous peine d'être renvoyées; et elles seront toujours présentes à la visite qu'on leur rendra, afin qu'ils n'acceptent rien eux-mêmes, et qu'il ne leur soit point tenu des propos contraires à l'ordre.

Le corps d'enseignement sera chargé de la composition de tous les livres élémentaires dont on pourra avoir besoin dans les colléges et dans les ateliers. Les maîtres et maîtresses seront tenus de s'y conformer, afin que l'éducation soit par-tout uniforme.

Il enverra, deux fois par an, à des tems inattendus, des *inspecteurs généraux* dans les différens berceaux, colléges et ateliers de la nation. Ils exigeront des *inspecteurs permanens*, de l'un et de l'autre sexe, un compte exact de leur conduite, et même entendront les plaintes des différens élèves, des maîtres et maîtresses et des nourrices, ainsi que celles de leurs enfans.

Il y aura, dans ces colléges et ateliers, des exercices où chacun fera preuve de son savoir ; les inspecteurs généraux, ainsi que les sous-inspecteurs, y assisteront, autant qu'il leur sera possible. On y invitera aussi le public. Il y aura des prix, afin d'exciter l'émulation ; mais ils ne seront point donnés sur le savoir dont on aura fait preuve dans un seul concours, mais bien sur le travail et les différens concours de l'année. Il y aura donc un tableau où seront marqués, *en chiffres d'or*, au moins tous les dix jours, les points de science et ceux de sagesse.

Les petits et les grands colléges, ainsi que les ateliers, pourront, dès aujourd'hui, servir à notre jeunesse actuelle avec le plus grand avantage ; mais elle fera *place nette* à la génération naissante, à mesure que celle-ci montera, et ne sera aucunement mêlée avec elle.

Les enfans de cette génération naissante, que les parens n'auront point envoyés au berceau, seront exclus des petits et des grands colléges, ainsi que des ateliers.

Chacun, dans ces colléges et ateliers, suivra la religion de ses pères, avec défense d'en changer.

On verra, pour cela, s'élever au milieu des quatre colléges et des deux ateliers, *un temple superbe* qui sera divisé en autant de parties qu'il y aura de sectes dans l'état.

Mais on prêchera par-tout d'être bon et juste, de pardonner généreusement à son ennemi, de rendre le bien pour le mal, d'exercer l'hospitalité, sur-tout envers les étrangers.

C'est-là seulement qu'on adressera ensemble, deux

lois chaque année, des prières et des vœux à l'être suprême. Tout le monde s'y rendra, excepté les enfans de l'un et l'autre sexe qui n'auront pas atteint l'âge de douze ans; et lorsqu'ils demanderont pourquoi l'on s'y rassemble, on leur répondra : c'est pour y apprendre à devenir meilleurs et plus heureux ; quand vous serez un peu plus avancés en âge, vous aurez les mêmes droits que nous.

Qu'est-il besoin même d'adresser des prières et des vœux au tout-puissant ? Il connaît nos cœurs, il connaît nos desirs, cela suffit.

Et d'ailleurs, tous nos pas sont marqués : chacun naît pour jouer, *comme en esclave*, un rôle plus ou moins éclatant, plus ou moins utile, heureux ou malheureux. S'il arrive un siecle ou une révolution quelconque digne d'être chantée, déja la nature a formé le *poëte*, et le poëte, *comme par instinct*, l'appellait, cette révolution. Si les hommes ont besoin de nouvelles lois pour vivre plus tranquilles, elle a fait naître le législateur, les lois sont déja même écrites; la philosophie a parlé; elle a déja dicté ce qu'il faut faire, sans que les lois, ni la philosophie amenent la révolution, qui est due plutôt à d'autres causes que nous connaissons très-souvent : *le poids devenu trop lourd, est jeté par terre*. C'est alors que cessés d'y être courbés, nous marchons fièrement et pleins de courage, en suivant le flanbeau qui nous attendait et nous luisait au loin. S'il faut aux hommes un culte plus pur, voilà qu'elle leur offre *l'homme divin* S'il est nécessaire d'un changement total dans la tournure des esprits, dans leur maniére de penser, *l'homme universel* se montre incontinent. Si, quant au
physique,

physique, il faut découvrir un nouveau monde, u..
nouvelle hémisphère, parce qu'on a besoin de s'éten-
dre, ou que d'autres circonstances l'exigent, déja cette
nature a créé *l'homme intrépide* qui va, sans effroi,
braver les tempêtes d'un océan inconnu, déjà aussi la
boussole, ce soleil de la mer, est entre nos mains ; et
l'astronomie, qui n'est pas pour la navigation d'un
secours moins grand, a déja trouvé pour se perfectionner, le *téléscope*, cette échelle posée, pour ainsi dire,
entre la terre et les cieux, et pour en faire usage en
différens tems, un Gallilée, un Cassini, un Newton,
un Delalande, un Herchell. Si nous ne pouvons plus
nous passer de l'étude de la nature, parce que la con-
naissance des animaux, des végétaux et des minéraux
nous est devenue plus qu'utile, paraissent aussitôt sur
le théâtre du monde un Tournfort, un Linée, un
Jussieux, un Buffon, un Daubanton, un Lacépède, un
Fourcroi, &c. Si, en un mot, les hommes viennent
à s'établir en société, il en faut nécessairement pour
tous les états qui doivent la partager. C'est ainsi que
chacun naît pour une chose plutôt que pour une autre, et pour une chose qu'il ne peut pas ne pas faire.
Chacun même s'abandonne et se laisse aller avec joie
à un penchant qui l'attire et l'entraine. Plusieurs circonstances inévitables se réunissent, sur-tout dans
notre jeunesse, et concourent à nous faire remplir
notre destinée. Nous prenons dans la vie différentes
situations, différentes voies, qui, toutes, nous condui-
sent à un but, mais à un but déterminé ; et nous
voyons, à la fin de nos jours, que rien ne nous est
survenu d'inutile, que tout a été dit, tout a été fait
à dessein, tout a été prévu. Nous voyons donc que

D

tout est lié, tout est enchaîné dans l'ordre moral,
comme dans l'ordre physique ; et qu'il n'y a dans
tout, qu'un *dessein unique*. Ces deux ordres, qui ont
de très-grands rapports l'un avec l'autre, et qui se
commandent mutuellement, forment à la fois, si j'ose
le dire, *une machine immense*, dont l'homme touche
quelques points, fait partir quelques ressorts, en four-
nissant sa carrière. A tout ce qui arrive, étant doué
de sentiment et d'intelligence, et semblable à un
spectateur de théâtre, il ne peut qu'admirer, se ré-
jouir ou s'attrister ; quelquefois, néanmoins, il est
acteur, mais un acteur conduit et dirigé par *une force
secrette*, *un agent invisible*. Si nous considérons bien
la suite de nos actions, nous trouverons en effet que
notre vie est une chaîne que nous ne composons pas
nous-mêmes, mais qui est formée par la main d'un
autre. Dites-moi ce que vous avez fait dans votre
jeunesse, et je vous dirai, du moins à-peu-près, ce
que vous ferez par la suite. Un mal amène souvent
un bien, et un bien nous conduit souvent dans un
mal ; et le bien, quelquefois, n'est jamais plus proche,
que lorsque le mal qui nous tue, est à son excès ;
et au contraire, le mal n'est jamais plus proche, que
lorsque le bien qui nous rend fous et insensés, est
monté à son plus haut point. Il semble que nous
soyons également partagés entre le bonheur et le malheur, de sorte que celui qui commence sa vie dans
la joie, la finit ordinairement dans la tristesse ; et
celui qui la commence dans la tristesse, la finit ordinairement dans la joie ; ou bien, elle est un mélange
égal de l'une et de l'autre. S'il était des individus,
même dans une espèce différente de la nôtre, pour

qui cette règle ne fut pas suivie, il faudrait un *nouvel ordre de choses*, je veux dire, une autre vie, où tout fût compensé.

La force qui nous maîtrise ainsi, n'est point différente de celle qui donne et qui ôte la couronne aux rois, qui établit et renverse les empires, qui transplante les grandes villes et les grandes nations, qui fait aussi voyager les arts et les sciences.

C'est cette même force qui dirige la plume du savant et l'instrument de l'artiste. C'est elle qui agite l'imagination du poëte, et fait entendre au musicien de sublimes accords. C'est elle qui pèse l'argument du dialecticien, qui fait tonner un aréopage, en l'inclinant tantôt vers l'erreur, tantôt vers la vérité, le met en travail, pour ainsi dire, et lui fait enfanter des prodiges, ou *l'admiration des siècles*. C'est elle qui relève l'attitude du jeune guerrier, qui règle et mesure tous ses pas, et détourne de lui les foudres de la guerre en les lui faisant affronter. C'est elle qui conduit en héros l'innocent au supplice, et qui y mène en lâche le grand coupable. C'est elle qui tient par la main le jeune homme pauvre, mais juste, et qui l'élève, par degré, au plus haut point de gloire. C'est elle qui crayonne les traits du visage, rend l'accent mâle ou féminin, assortit les caractères et fait soupirer les amans.

Elle est admirable dans ses effets : car nous ne la connaissons pas autrement ; et c'est-là que nous devons l'admirer, ou, ce qui est le même, *l'adorer*. En effet, si la divinité demande un culte, s'il lui faut un autel, c'est sans doute de *tout ce qui vit* ; et ce culte ne peut être que *l'admiration suivie de la joie*, et l'autel, l'univers. Il doit être comme elle, pur et non ensanglanté, comme elle, universel et non resserré dans des demeures sombres; mais quel culte plus pur et plus étendu que celui qui consiste dans l'admiration des beautés de la nature et dans la joie qui s'en suit? En les considérant, tous les hommes en sont pénétrés. Les animaux, et même les végétaux, semblent partager avec l'homme, ces deux sentimens. L'oiseau, qui s'élève dans les airs qu'il embellit, admire, pour ainsi dire, et se réjouit : il célèbre, sur-tout au prin-tems, par ses chants variés et mélodieux, la renaissance de la nature. La genisse, au sortir de l'hiver, s'élance par mille bonds sur l'herbe qui reverdit. Les végétaux même semblent trémousser et signifier leur joie à l'apparition du corps embrâsé, de l'astre brûlant qui vivifie tout. *Il n'est aucun être qui ne témoigne, à sa façon, sa reconnaissance et son amour à son auteur bienfaisant.*

Que nos temples ne soient donc plus que nos champs et nos jardins; que nos maisons ne soient plus entourées que de fleurs, et qu'il ne pénètre, dans leur intérieur, que la joie appuyée sur la justice.

Nota. Ce plan a été présenté par l'auteur à l'assemblée nationale, le 20 du mois d'avril 1791, et déposé à son comité de constitution. La seule récompense à laquelle il aspira alors, furent les honneurs de la séance qu'il en reçut; mais il se trouverait heureux aujourd'hui, si, après avoir défendu sa patrie par les armes, dans quatre campagnes consécutives, il pouvait encore la servir d'une manière, non pas aussi périlleuse, mais non moins difficile et non moins avantageuse, par les lettres.

Ne serait-il pas suffisamment indemnisé, s'il pouvait avoir une part réelle à cette *estime générale*, que s'est acquise le peuple français, *depuis que les siècles s'accumulent ou se succèdent aussi rapidement que les heures*, dans une révolution où il paraît s'élever, au milieu des autres peuples, comme un flambeau pour les éclairer, comme un maître pour leur communiquer la parole, comme un philosophe pour les instruire, comme un législateur pour leur dicter des lois, comme un guerrier pour les soumettre, et comme un homme enfin, plein de belles manières, pour leur transmettre cette urbanité, qui est le premier agrément de l'état social. Choisis de toutes les parties de la France, nos représentans ne sont-ils pas ce flambeau, ce maître, ce philosophe, ce législateur ; et nos phalanges invincibles ne sont-elles pas ce guerrier, qui plie moins sous le poids de ses armes, que sous celui de sa gloire ? Et ces hommes justement haïs, *en qui cependant brillait le plus la fleur des talens et de la politesse*, la providence, *en les punissant*, ne les a-t-elle pas dispersés parmi les nations pour atteindre ce dernier but ?

Qu'ils sont donc insensés, ceux qui pensent revoir ou ramener l'ancien ordre de choses ! Est-ce que la durée des empires n'est pas semblable à la vie des hommes et des autres êtres de la nature ? Les êtres moraux, ainsi que les êtres physiques, n'ont-ils pas leur naissance, leur développement, leur accroissement, leur état, en quelque sorte, stationnaire, où ils paraissent dans leur force, dans leur splendeur et dans leur majesté, et cherchent à se reperpétuer ou à se reproduire par tous les moyens possibles, ensuite leurs maladies, leurs convulsions, et enfin leur changement, ou leur dissolution ou désorganisation totale. Les grands évènemens sont comme un fleuve rapide qui emporte tout, et que rien ne peut arrêter ; et il n'y a d'immuable que celui qui, d'une main, peut bouleverser le ciel et la terre.

L'avenir doit donc avoir des charmes pour un français, quoique le présent ne lui offre encore que de la peine. Déjà il peut voir, sur l'horison de son pays, l'aurore d'un beau jour, une clarté céleste, ou l'avant-coureur d'un soleil qui va régénérer le monde en son entier.

Il faut donc que l'homme non-seulement respecte son semblable, mais qu'il soigne et fasse participer à son bonheur les espèces d'êtres au-dessus desquels il se trouve naturellement placé : lorsque le cri plaintif de ce qui vit s'élève à ses côtés, peut-il être heureux?... car les animaux ressentent la peine et éprouvent de la douleur comme lui. Il faut que ses soins se portent de même sur les végétaux, dont il ne doit point prodiguer la destruction ; qu'il les fasse revivre autour de sa demeure ; qu'il aime les champs et les bois ; qu'il devienne, sur-tout, agriculteur; et que son premier atelier soit celui où l'on forgera le soc de la charrue ; *qu'il laboure même sur les grandes cités, ou qu'il en fasse de vastes pâturages, après la paix rendue à l'univers :* l'homme de la liberté et de la nature doit respirer le grand air. C'est ainsi qu'en s'isolant, il sera entouré d'une atmosphère moins pestilentielle, que ses maladies seront moins fréquentes et ses jours moins malheureux. C'est ainsi qu'en rapprochant de lui des êtres qui semblent inanimés, ou, en se rendant lui-même à la simple nature, il retrouvera enfin son premier bonheur.

Siècle d'or, jours paisibles, quand reviendrez-vous? Héros français, vaillans guerriers, long-tems témoin de vos peines et de vos travaux, compagnon de vos périls et de votre gloire, instruit, comme plusieurs d'entre vous, à l'école du malheur, l'auteur de ce faible ouvrage aime à vous dire qu'ils ne sont pas éloignés, ces beaux jours, où, à l'ombre de vos lauriers, vous cultiverez votre champ avec une aimable compagne et des enfans chéris. La terre cédera sans peine à vos bras nerveux et accoutumés au fer ; elle se couvrira pour vous d'épis dorés, et la blonde Cérès sourira gracieusement à vos travaux. Achevez de terrasser vos plus cruels ennemis, et ne craignez point de succomber sous leurs coups impuissans : le génie qui préside aux destinées de la France saura vous défendre. Poursuivez donc votre brillante carrière, pendant que ceux qui sont forts par vous, mais encore plus par leurs vertus, achèveront, de leur côté, leur mission glorieuse, en conjurant les orages et en laissant le vaisseau de l'état dans un port assuré.

On trouve cet ouvrage chez *Maret*, libraire, palais Egalité, ainsi que deux opuscules du même auteur, dont l'un sur la nature des différens êtres, et l'autre également sur l'éducation.

Paris, 20 fructidor, 3.ᵉ année.

Réimprimé à Corfou le premier Nivôse, en 7.

De l'imprimerie Nationale de Corcyre.